세상에 하나뿐인

_____에게

세상에 하나뿐인

이 책을 드립니다!

일러두기

1. 이 책의 맞춤법은 표준국어대사전을 따랐으며, 번역은 오늘날에 쓰이는 쉬운 우리 말 위주로 풀어썼습니다.

2. 이 책은 부처(佛陀)의 말씀들을 엮은 법구(法救)의 《법구경(法句經)》에서 한국인이 가장 좋아하는 문장들만 선별해 소개했습니다. 또 책의 전체 내용이 기승전결로 이어지도록 구성했습니다.

3. 이 책에 실린 문장들의 필사를 마치면, 세상에 하나뿐인 나만의 손글씨로 쓴 필사본을 소장할 수도 있고, 사랑하는 가족과 연인, 지인에게 선물할 수도 있습니다.

명저필사 3

하루 한 장
내 삶에 새기는
부처

《법구경》따라 쓰기

佛陀
法句經

법구 엮음

일상이상

세상에 하나뿐인
나만의 필사본을 완성하기 전에

필사가 왜 유용할까요?

　기억하실지 모르겠지만 초등학교에 입학하면 누구나 받아쓰기를 했습니다. 처음에는 선생님이 불러주는 단어를 받아 적었고, 나중에는 제법 긴 문장까지 받아쓰기했습니다. 학교에서는 왜 받아쓰기를 시켰을까요? 바로 올바른 단어와 문장을 오래도록 기억하고, 어휘력과 문장력을 기르기 위해서입니다.

　정확하고 좋은 문장을 쓰기 위해서는 글이나 책을 읽는 것도 중요하지만 여러 번 써 봐야 합니다. 읽기에만 그친다면 시간이 지나서 글이나 책의 내용이 하나둘 기억에서 사라집니다. 반면에 읽은 문장을 받아 적으면 세월이 흘러도 그 내용이 오래도록 기억되고, 문장에 담긴 뜻을 보다 깊이 이해할 수도 있습니다. 그래서일까요? 얼마 전부터 책을 읽는 데 그치지 않고 필사까지 하는 분들이 크게 늘고 있습니다.

사실 필사는 글을 잘 쓰기로 유명한 작가들도 습작기에 필수적으로 합니다. 좋은 글을 눈으로 읽는 데만 그치지 않고 필사까지 하면 자연스레 문장력이 향상되기 때문입니다. 실제로 작가지망생이나 문예창작과 학생들은 시나 소설 등 좋은 문학작품을 필사하고 문장력을 기르기도 합니다.

　굳이 시인이나 작가가 되려 하지 않더라도 필사를 하게 되면 여러 가지 장점이 있습니다.

　첫째, 언어 능력이 향상됩니다. 필사를 하면 어휘력이 좋아지고, 문법에 맞는 정확한 문장을 사용하게 됩니다. 당연히 문장력도 좋아집니다.

　둘째, 눈으로 읽는 것보다 기억에 오래 남습니다. 우리의 뇌는 듣는 것보다 보는 것을 더 오래 기억하고, 보는 것보다 쓰는 것을 더 오래 기억합니다. 눈으로 읽은 문장을 손으로 쓰다 보면 훨씬 오래 기억에 남게 됩니다.

　셋째, 집중력이 향상됩니다. 학창시절에 영어단어를 외울 때 여러 번 노트 등에 쓰다 보면 단어 암기가 잘되었죠? 눈으로 읽기만 하는 것보다 단어 암기도 보다 빨리 되었을 겁니다. 손으로 글을 쓰는 행위는 자연스레 집중력이 요구되므로, 필사를 하면 집중력을 키울 수 있습니다.

　넷째, 창의적인 문장을 쓸 수 있습니다. 시와 소설 등 문학작

품뿐 아니라 철학과 역사 등 좋은 책에는 저자 나름의 향기가 납니다. 다양한 스타일의 문장을 읽고 필사하다 보면 자기만의 개성 넘치는 문장을 쓸 수도 있습니다.

다섯째, 심리적인 안정을 도모할 수 있습니다. 한 글자 한 글자 손으로 쓰는 행위를 하다 보면 일상의 근심과 걱정이 자연스레 사라지고, 또박또박 예쁜 글씨로 완성된 필사본과 만나게 되면, 성취감 또한 생겨날 겁니다.

이 책은 부처(佛陀)의 말씀들을 엮은 법구(法救)의《법구경(法句經)》에서 한국인이 가장 좋아하는 문장들만 선별해 소개했습니다. 또 책의 전체 내용이 기승전결로 이어지도록 구성했습니다. 이 책에 실린 문장들의 필사를 마치면《법구경(法句經)》의 주옥 같은 문장들과 핵심 내용을 오래도록 기억할 수 있을 겁니다.

자, 그럼 부처는 어떤 삶을 살았고, 그의 철학과 사상은 어떠한지,《법구경(法句經)》은 어떤 책인지 살펴볼까요?

부처의 삶

샤카공화국의 왕 슈도다나는 오랫동안 아들이 없었는데, 왕비 마야 부인이 6개의 이를 가진 흰 코끼리가 옆구리로 들어오는 꿈을 꾸고 임신했습니다. 마야 부인은 출산이 임박하자 친정인 데바다하(Devadaha)로 향했는데, 서기전 624년 4월 8일(음력), 룸비니에서 꽃이 만발한 무우수 나뭇가지를 잡았는데 오른쪽 겨드랑이 밑에서 아들 싯타르타(부처가 출가하기 전의 이름)를 낳았습니다. 이때 하늘에서 오색 구름과 무지개가 피었으며, 사람의 머리와 새의 몸을 한 가릉빈가(迦陵頻伽)가 아름다운 소리로 왕자의 탄생을 축하하고, 아홉 마리의 용이 나타나 몸을 닦아 주었습니다. 싯타르타는 태어나자마자 사방으로 일곱 걸음을 걸었는데, 그가 걸음을 내디딘 곳마다 연꽃이 피어올랐습니다. 싯타르타는 오른손은 하늘을, 왼손은 땅을 가리키며, "천상천하, 유아독존, 삼계개고, 아당안지(天上天下, 唯我獨尊, 三界皆苦, 我當安之)"라고 외쳤습니다. 이 말은 "우주에서 오직 나만이 높다. 삼계가 모두 괴로움이니, 이제 내가 그들을 편안하게 하리라"를 의미합니다.

싯타르타는 태어난 지 7일 만에 어머니 마야 부인을 여의고 이모인 마하파자파티(Mahapajapati)의 보살핌 속에 자랐으며, 뛰어난 지혜로 사람들을 놀라게 했습니다. 성장하면서 줄곧 진리에 관해 명상했는데, 그때까지만 해도 모든 인간이 궁전의 안락한 생활을 누리는 줄 알았습니다.

어느 날 궁 밖으로 나와 밭갈이하는 농부를 보고 인간들이 수고해야 삶을 유지할 수 있다는 인간 사회의 고통을 깨달았습니다. 그리고 새가 벌레를 잡아먹는 것을 보고 큰 충격을 받았으며, 쇠약한 노인을 보고는 인생의 무상함을 느꼈습니다. 태어나서 병들어 신음하고 죽어야 하는 생로병사의 운명에 슬픔을 느꼈습니다. 그런 아들의 심정을 눈치챈 슈도다나는 혹시 아들이 당시 많은 젊은이들처럼 출가하지 않을까 염려하여 16세의 나이에 콜리야왕국의 공주 야쇼다라(Yaśodhara)와 혼인시켰습니다. 그리고 많은 미녀들을 시켜 싯타르타를 위한 향연을 밤낮으로 베풀었으나, 오히려 싯타르타는 출가를 생각하게 되었습니다.

싯타르타는 29세가 되던 해 어느 날 밤, '무상한 이 세상의 괴로움을 어떻게 해결할 것인가?'라는 의문을 품고 출가하였습니다. 몰래 궁궐을 빠져나온 싯타르타는 시종과 헤어지고 브라만 고행자의 가르침을 받아 단식하고 고행을 실천했습니다. 그는 정신을 통일하려고 허리를 땅에 대지 않고 결가부좌를 유지하는 등 온갖 고행을 실천했지만 해탈에 이를 수 없음을 깨닫고 혼자 성지를 찾아 수행하기로 마음먹었습니다. 삭발하고, 옷을 갈아입고 구걸하면서 남쪽의 마가다왕국으로 갔습니다. 마가다왕국의 네란자나(Nairanjana) 강 부근에서 단식과 불면의 고행을 실천했습니다.

그러던 어느 날 슈도다나는 신하들을 시켜 싯타르타에게 다시 왕자로 돌아오라고 권하였으나, 싯타르타의 마음은 변하지 않았습니다. 이후 부다가야 근처에 있는 우루베라 촌의 보리수 밑에 풀을 깔아 자리를 마련하고 깨닫지 못하면 그 자리를 떠나지 않겠다고 맹세하며, 고행을 계속했습니다. 이 고행으로 모든 관념을 버리고 자기 마음속에 있는 욕망을 끊어 없애며 세계를 있는 그대로 보고자 하였습니다.

35세가 되던 해의 12월 8일, 이른 새벽에 드디어 큰 깨달음을 이루고 생로병사의 근원을 끊어 없애는 방법을 발견했습니다. 그것은 어떠한 번뇌에도 흔들리지 않고 진리를 깨달아 불생불멸의 법을 체득한 경지인 열반(涅槃)에 이르는 것이었습니다. 이 깨달음을 얻고서 비로소 부처가 되었습니다. '부처(佛陀)'는 '깨달은 자'를 뜻하는 산스크리트어 '붓다'를 한자어로 옮긴 것입니다.

부처는 처음에는 깨달음의 경지를 혼자 즐기다가 얼마 후 이러한 기쁨을 다른 사람들에게도 나누고자 하였습니다. 우선 지난날에 함께 고행하던 5명의 수행자들을 교화하려고 바라나시 교외의 사르나트(鹿野苑)를 방문했습니다. 5명의 수행자들은 처음에는 부처를 의심했으나 이내 그의 제자가 되었습니다. 이로 인해 부처의 제자가 된 5명의 비구(比丘)가 생기면서 불(佛)·법(法)·승(僧)의 불교 교단이 성립하게 되었습니다.

이후 45년간 라자그리하와 슈라바스티를 중심으로 부처의 설법이 점차 퍼지게 되었습니다. 말씀의 뜻이 깊고 넓으면서도 문답 형식이나 비유 또는 설화를 활용하고, 쉬운 말로 설법했으므로 점차 제자가 늘어났습니다. 부처는 80세가 될 때까지 설법을 그치지 않았습니다.

서기전 544년 어느 날, 파바시에서 받은 음식 공양이 잘못되어

심한 식중독을 앓았습니다. 고령인 데다 금식을 자주 했었기에 장이 매우 약해진 것이 문제였습니다. 자신의 병세가 위중하다는 것을 깨달은 부처는 최후의 목욕을 마치고, 사라(沙羅) 나무의 숲속으로 들어가 북쪽을 바라보며 오른쪽으로 누워 발을 포갠 다음 밤중에 제자들에게 최후의 가르침을 펼쳤습니다. "쉬지 말고 수행에 임할 것"을 유언으로 남기고 조용히 입멸하였습니다.

부처의 철학과 사상

부처는 인간의 삶은 고통의 연속이라고 보았는데, 인간의 고통은 고고(苦苦), 괴고(壞苦), 행고(行苦) 등 삼고(三苦)에서 비롯된다고 했습니다.

고고(苦苦)

우리가 여기에 태어났다는 것에서 아픔이 시작된다(生).
태어나서 늙게 되는 것 또한 아픔이다(老).
살아가면서 병이 들면 아픔을 뼈저리게 깨닫는다(病).
삶을 언젠가는 마무리해야 한다는 사실에 아픔을 깨닫는다(死).

괴고(壞苦)

사랑하고 헤어지는 아픔을 깨닫는다(愛別離).

미워하고 한숨지으며 아픔을 깨닫는다(怨憎會).

무엇을 얻고자 하지만 얻지 못하면서 아픔을 깨닫는다(求不得).

행고(行苦)

사람으로 태어나 가지게 된 다섯 가지 조건에서 비롯되는 아픔을 깨닫는다(五取蘊).

우리는 살아가면서 많은 사람들과 만나는데, 부처는 "모든 것은 인연으로 인해 생겨난다"는 연기설(緣起說)을 주장했습니다. 연기설이란 "이것이 태어나면 저것이 태어나고, 이것이 사라지면 저것이 사라지니, 네가 있으니 내가 있는 것이고, 너와 나의 만남은 인연으로 인해 생겨난다"는 말씀입니다. 이러한 연기설은 인간관계뿐 아니라 우주의 모든 만물에도 적용되는데, 내가 소중하듯 남도 소중하다는 것을 알게 되고, 나의 기쁨을 다른 사람이 함께 기뻐하게 되고, 나의 슬픔도 함께 슬퍼하게 됩니다.

부처는 연기설을 깨달을 때 나타나는 포괄적이고 보편적인 사랑을 '자비(慈悲)'라고 주장했습니다. 자비는 '나와 네가 다르지 않다'는 '자타불이(自他不二)'를 전제로 한 무조건적인 사랑입니다. 진정한 자비란, 인간뿐 아니라 살아 있는 모든 생명체, 즉 미물에까지 미치는 사랑을 의미합니다.

부처는 고통의 연속인 인간의 삶을 해결하기 위해 사성제와

팔정도, 삼법인을 만들었습니다.

　사성제(四聖諦)는 영원히 변하지 않는 네 가지 성스러운 진리로, 고제(苦諦), 집제(集諦), 멸제(滅諦), 도제(道諦)를 말합니다. 욕심이 없으면 고통이 사라지는데, 사성제의 수행생활로 열반과 해탈에 이를 수 있습니다.

사성제(四聖諦)

　고성제(苦聖諦): 모든 것은 고통이다.

　집성제(集聖諦): 그 고통은 바로 탐욕과 진노와 어리석음에서 비롯된다.

　멸성제(滅聖諦): 번뇌와 무명을 모두 끊어 버린 절대평화와 절대자유에 이르는 해탈의 경지를 가리킨다.

　도성제(道聖諦): 멸의 세계에 이르기 위한 '여덟 가지의 올바른 수행생활'인 팔정도의 방법이 있다.

　팔정도(八正道)는 깨달음과 열반으로 이끄는 올바른 여덟 가지 방법으로, 정견(正見), 정사유(正思惟), 정어(正語), 정업(正業), 정명(正命), 정정진(正精進), 정념(正念), 정정(正定)을 말합니다.

팔정도(八正道)

　정견(正見): 불법의 진리인 사성제(四聖諦)를 바르게 인식하는 것

정사유(正思惟): 올바르게 사유하는 것

정어(正語): 올바르게 사유하고 그에 따라 말하는 것

정업(正業): 올바르게 사유하고 그에 따라 행동하는 것

정명(正命): 올바른 생활방식으로 의식주를 해결하는 것

정정진(正精進): 올바른 마음가짐으로 노력하는 것

정념(正念): 실체와 생각, 감정의 움직임에 대하여 늘 깨어 있는 것

정정(正定): 바른 선정으로 심신을 평화롭게 유지하고 무상무아(無常無我)를 깨닫는 것

삼법인(三法印)은 불교의 중심 사상으로, 모든 존재의 세 가지 특성인 무상(無常), 무아(無我), 고(苦)를 말합니다. 고(苦)와 관련된 '일체개고(一切皆苦)'는 나중에 '열반적정(涅槃寂靜)'으로 보완하였습니다.

삼법인(三法印)

제행무상(諸行無常): 모든 것은 덧없이 변한다.

제법무아(諸法無我): 영원한 자아의 본체란 있을 수 없다.

일체개고(一切皆苦): 그럼에도 불구하고 영원하리라 집착하면 모든 것이 다 고통이다.

열반적정(涅槃寂靜): 애욕의 불길을 완전히 끄면(열반) 영원히 고요한(변함없는) 진리의 자리가 드러난다(적정). 제행무상과 제법

무아를 깨닫고 초월하면 무위세계인 열반에 이를 수 있다.

  이러한 부처의 철학과 사상은 후대에 큰 영향을 끼쳤습니다.
쇼펜하우어는 "불교는 인간의 고통을 해결하는 철학이다"라고
말했고, 니체는 "불교는 인간이 스스로 깨닫기 위한 철학이다"
라고 했으며, 아인슈타인은 "불교는 신비주의와 과학을 조화롭
게 결합한 철학이다"라고 했습니다.

법구(法救)의 《법구경(法句經)》은 어떤 책?

  《법구경(法句經)》은 서기 원년 전후에 인도인 법구(法救)가 부
처가 생전에 남긴 말씀을 엮어 만든 책입니다. 이 책은 부처가
설법으로 남긴 말씀을 423개의 시로 전하고 있는데, 오늘날에
도 전 세계에서 가장 많이 읽는 불경이기도 합니다.
  이 책은 불교의 수행자가 지녀야 할 덕목에 대한 경구들로 이
루어져 있습니다. 주요 내용은 집착과 욕심, 미움 등을 멀리하
고, 선한 행위로 덕을 쌓아 깨달음을 얻으라는 것입니다. 이 책
의 원전은 팔리어로 쓴 《담마빠다(Dhammapada)》와 산스크리트
어로 쓴 《우다나바르가(Udanavarga)》가 있는데, 편집 방식과 수
록된 구절의 수가 다를 뿐 내용은 크게 다르지 않습니다. 《담마
빠다(Dhammapada)》는 여러 언어로 번역되었는데, 한역본(漢譯本)

으로는 《법구경(法句經)》이 있습니다. 한역(漢譯) 《법구경(法句經)》은 서문과 39개의 품(品)으로 이루어져 있습니다.

이 책은 인도에서 출간되었지만 전 세계에서 사랑받는 책이 되었습니다. 동양과 서양 등 여러 나라로 퍼지면서 삶의 고통과 고뇌를 해결하려는 사람들의 영혼을 울리는 고전이 되었습니다. 이 책은 번뇌로 고통받는 우리에게 '있는 그대로 자기 자신과 세상을 바라보면 모든 문제의 근본적인 원인을 해결하고, 인생과 마음이 편안해질 수 있다'고 말합니다. 꼭 불교 신자가 아니더라도 이 책을 읽으면 복잡하게 얽힌 마음의 실타래가 풀리고, 삶의 평온을 되찾을 수 있을 것입니다.

그런데 부처의 철학과 사상을 제대로 이해하는 것이 그리 쉽지는 않으니, 이 책의 완역본을 모두 읽는 것은 결코 만만치 않습니다. 이 책 완역본의 분량은 그리 많지 않지만 단어 하나하나에 담긴 부처의 깊고 넓은 말씀들을 이해하는 것이 여의치 않을 것입니다.

그래서 이 책 《하루 한 장 내 삶에 새기는 부처》는 오늘날에 쓰이는 쉬운 우리 말 위주로 풀어썼고, 법구(法救)의 《법구경(法句經)》에서 핵심적인 문장들만 선별해 소개했습니다. 또 책의 전체 내용이 기승전결로 이어지도록 구성했습니다. 이 책에 소개된 촌철살인 문장들만 읽어도 한 권의 책을 읽는 것과 같은 감동을 누릴 수 있을 것입니다.

1.
삶은 마음이
만들어내는 것

어제의 생각이 오늘을 만들고, 오늘의 생각은
내일의 삶을 만들어간다. 삶은 우리의 마음이
만들어내는 것이다. 순수하지 못한 마음으로 말과
행동을 일삼으면, 우리 삶에는 고통이 따른다.
수레의 바퀴가 소를 따르듯이.

2.

원망하면 미움에서
벗어날 수 없다

너는 나를 욕했고, 너는 나를 때렸다.

너는 나를 이겼고, 너는 내 것을 빼앗았다.

이렇게 생각하는 사람은 영원히 미움에서

벗어날 수 없다.

3.

깨어 있는 사람은
열반에 이른다

무지에 고개 숙이지 말라. 쾌락과 헛된 야망에
빠지지 말라. 명상을 통해 늘 깨어 있는 사람은
마침내 모든 번뇌의 얽매임에서 벗어나는 기쁨의
경지인 열반에 이르게 된다.

4.
마음을 다스려야
행복하다

보이지 않고 볼 수도 없으며 미묘한 것,
그것이 바로 마음이다. 마음은 당신이 좋아하는
그곳으로 물불 안 가리고 날아간다.
지혜로운 사람은 마음을 잘 다스린다.
마음을 잘 다스려야 행복이 시작된다.

5.

말한 대로 행동하라

아름다운 저 꽃에 향기가 없듯이 말만 하고는
행동에 옮기지 않는다면 너의 말에는 향기가 없다.
아름다운 저 꽃에 향기가 나듯이 말한 바를
행동에 옮기면 너의 말에는 향기가 있다.

6.

자식과 돈 때문에
아등바등 살지 말라

이것은 내 아들이다. 이것은 내 돈이다.
어리석은 사람은 이렇게 생각한다.
그대 자신조차도 그대의 것이 아닌데,
내 아들이며, 내 돈이라고 말할 수 있겠는가.

7.

자신을 어리석다고 생각하면
어리석지 않다

어리석은 사람이 자신을 어리석다고 생각하면
그는 이미 어리석은 사람이 아니다. 그러나
어리석은 사람이 자신을 어리석지 않다고 생각하면
그는 진짜 어리석은 사람이다.
어리석은 사람은 일평생 주위에 지혜로운
사람이 있는데도 지혜에 이르는 길을 알지 못한다.
저 숟가락이 음식의 맛을 모르듯이.

8.

후회 없이 행동해야
행복하다

어떤 행동을 하고 나서 후회하는 마음이 생긴다면
그 행동은 분명 잘못된 것이다. 그리고 이 잘못된
행동에 대한 대가로 쓰디쓴 참회의 눈물을 흘리게
될 것이다. 그러나 어떤 행동을 하고 나서 후회하는
마음이 전혀 없다면 그 행동은 전혀 잘못이 없다.
그리고 이 좋은 행동에 대한 대가로 더없는
행복을 누릴 것이다.

9.
멀리 보는 사람은 한곳에
머물지 않는다

멀리 더 멀리 보는 사람은 높이 더 높이 난다.

그는 결코 한곳에 머물지 않는다.

흰 새가 호수를 떠나 하늘 높이 날 듯이,

그는 이 집착의 집에서 벗어나

높이 더 높이 난다.

10.

모든 것을 포용해야 악순환에서 벗어난다

마부가 말을 길들이듯 감각을 지혜롭게 절제하는
사람은 헛된 야망과 자만심에서 벗어난다.
저 하늘의 신조차도 꽃비를 뿌리며 그를 축복한다.
그는 저 대지처럼 모든 것을 포용한다.
그는 저 돌기둥처럼 든든하다. 그는 호수처럼 맑고 깊다.
삶과 죽음이 끝없이 반복되는 윤회의 악순환으로부터
그는 멀리 벗어난다.

11.

좋은 것은 하나만으로
충분하다

쓸모 없는 천 마디의 말보다도 그대 영혼을 울리는
한마디의 말이 훨씬 낫다. 형용사로 가득 찬
천 개의 시구보다도 그대 영혼의 잠을 깨우는
단 한 줄의 시가 훨씬 낫다. 온갖 찬사로 가득 찬
천 개의 문장보다는 그대 영혼을 적시는 단 한마디의
글귀가 훨씬 낫다.

12.
자신을 다스리는 사람은
그 누구도 정복할 수 없다

자기 자신을 이기는 사람이야말로 승자 가운데 가장
위대한 승자이다. 끊임없이 자기 자신을 정복하고
자기 자신을 지혜롭게 다스리는 사람을, 신들도 악마도
그리고 이 세상의 그 누구도 정복하지 못한다.

13.
가장 가르치기 어려운 사람은
자기 자신이다

가장 가르치기 어려운 사람은 다른 사람이 아니라
바로 자기 자신이다. 자기 자신의 스승은 자기
자신이다. 자기 자신 말고 누가 자기 자신의 스승이
될 수 있겠는가. 자기 자신을 잘 다스리면 만나기
어려운 스승을 만난 것과 같다.

14.
베풀어야 축복을 누린다

인색한 사람은 하늘나라에 갈 수 없다.

어리석은 사람은 베풀 줄 모른다.

현명한 사람은 베풀 줄 아니,

그로 인해 보다 높은 세상에서 축복을 누리게 된다.

15.

절이나 교회, 점집은
피난처가 아니다

사람들은 두려움을 느낄 때 산이나 숲, 절이나 교회,
점집으로 몰려든다. 그러나 그런 곳은 안전한
피난처가 아니다. 그런 곳에 가서 숨더라도
살아가면서 일어나는 모든 고뇌에서 완전히 벗어날
수는 없다. 네 가지 진리인 사성제(四聖諦)가
가장 안전한 피난처이다. 첫째는 고통(苦),
둘째는 고통의 원인(集), 셋째는 고통의 소멸(滅),
넷째는 고통을 소멸시키는 방법(道)이다.
이 네 가지 피난처에 이른 사람은
모든 고통에서 벗어날 것이다.

16.
마차를 멈추는 마부처럼
분노를 다스려라

질주하는 마차를 멈추듯 폭발하는 분노를 다스리는
사람, 그는 진정한 마부다. 그러나 사람들은
말고삐만 쥐고 있을 뿐, 성난 말들을 멈추게 할 수
없으니 진정한 마부라고 할 수 없다.
사랑으로 분노를 다스려라. 선으로 악을 다스려라.
자선으로 탐욕을 다스려라.
그리고 진실로 거짓을 다스려라.

17.

이 세상에 비난받지 않는
사람은 없다

침묵해도 비난을 받고, 말을 많이 해도 비난을 받고,
말을 적게 해도 비난을 받으니, 이 세상에 비난받지
않는 사람은 단 한 사람도 없다. 비난만 받는 사람,
칭찬만 받는 사람, 그런 사람은 과거에도 없었고
미래에도 없을 것이다. 지금 현재도 없다.

18.

윤회의 악순환에
휘말리지 않기 위해

그대 자신을 의지처로 삼아 부지런히 노력하라.
지혜로운 사람이 되라. 모든 더러움을 저 멀리 날려
보내고 번뇌로부터 벗어나라. 그러면 그대는 생과
죽음이 반복되는 윤회의 악순환에 더 이상
휘말리지 않을 것이다.

19.

어리석음보다 단단한
그물은 없다

욕망보다 뜨거운 불길은 없고,
증오보다 질긴 밧줄은 없다.
어리석음보다 단단한 그물은 없고,
탐욕보다 세차게 흐르는 강물은 없다.

20.

남의 잘못은 보기 쉽지만
내 잘못은 보기 어렵다

남의 잘못은 보기 쉽지만 내 잘못은 보기 어렵다.
남의 잘못은 쌀 속의 돌처럼 잘만 골라내고 내 잘못은
노름꾼이 화투장을 속이듯 잘만 감춘다.
남의 잘못을 보고 두고두고 되씹는 사람은
번뇌의 쓰레기만 모으고 있는 것이다.
이런 사람은 결코 번뇌의 늪에서
영원히 벗어날 수 없다.

21.

말을 잘한다고 현명한 사람이
되는 건 아니다

말을 잘한다고 현명한 사람이 되는 것은 아니다.

마음이 넓고 두려움이 없는 사람, 그런 사람을 현명한

사람이라 일컫는다. 제법 유식하게 말한다고 해서

정의로운 사람이 되는 것은 아니다.

배운 것은 적지만 올바르게 살아가려고 애쓰는 사람,

그런 사람이야말로 올바른 사람이다.

22.

머리카락이 희다고 어르신이
되는 건 아니다

머리카락이 희어졌다고 어르신이 되는 것은 아니다.
하염없이 나이만 먹었다면 어르신이 아니라 늙은이에
지나지 않는다. 진리를 추구하고 생명을 사랑하며
자기 자신을 다스릴 줄 아는 사람, 더러움으로부터
벗어난 사람이야말로 진정한 의미에서 어르신이
아니겠는가.

23.

영혼의 순결에 이르기 위해

'모든 존재는 덧없이 변해 간다.' 이 이치를 깨달은
사람은 슬픔과 고뇌로부터 점점 멀어지게 되니,
이는 영혼의 순결에 이르는 길이다. '모든 것은 결국
고뇌다.' 이 이치를 깨달은 사람은 슬픔과 고뇌로부터
점점 멀어지게 되니, 이는 영혼의 순결에 이르는
길이다. '모든 사물에는 불변의 실체가 없다.'
이 이치를 깨달은 사람은 슬픔과 고뇌로부터 점점
멀어지게 되니, 이는 영혼의 순결에 이르는 길이다.

24.
태어날 때는 순서가 있지만
죽음에는 순서가 없다

배우자와 자녀, 재산을 믿고 목에 힘을 주며 살아가는
사람에게 죽음은 어느 날 갑자기 찾아온다.
잠든 마을에 홍수가 휩쓸듯이. 배우자도 자녀도
그 누구도 저 오는 손님을 막을 수는 없다.
죽음이 그대의 심장을 두드리면
그 누구도 그대를 구해 줄 수 없다.

25.
작은 것을 버려야
큰 것을 얻는다

자기 자신에게 명령하지 못하는 사람은 다른
사람에게 복종당할 수밖에 없다. 많은 사람들이
자기 자신에게 명령할 수는 있지만 자기가 명령한
것에는 복종하지 못한다. 그것이 바로 자기 의지를
행동으로 옮기지 못하는 이유다.

26.
해야 할 일만 하면
행복하다

마땅히 해야 할 일을 하지 않고 하지 말아야 할 일을
거침없이 하는 뻔뻔하고 무지한 사람아, 그대 영혼의
밤은 더욱 어두워진다. 자신의 행위에 조심하면서
마땅히 해야 할 일을 하고, 하지 말아야 할 일을
하지 않는 현명하고 지혜로운 사람아, 그대 영혼의
새벽은 밝아온다.

27.
한곳에 얽매이지 말고
자유롭게 살라

생과 죽음의 이 기나긴 여행길에서 지친 나그네가
되는 것은 실로 괴로우니, 무지에 지친 나그네가
되지 말라. 그리고 어느 한곳에 얽매이지도 말고
동서남북 어느 방향으로든 자유롭게 살아가라.

28.

인간은 홀로 태어나고
홀로 떠난다

홀로 명상을 하며 홀로 누워라. 오직 홀로 걸으며
날마다 수행하라. 그대 스스로 그대 자신을 다스리며
모든 집착에서 멀리 벗어나라. 오직 혼자가 되어
살아라.

29.

옳은 일은 고통을
불러오지 않는다

잘못된 일은 애초에 하지 말라. 잘못된 일은 결국
고통을 불러온다. 옳은 일은 사양하지 말라.
옳은 일은 결코 고통을 불러오지 않는다.

30.

옳지 않은 것을 옳지 않다고
생각하라

옳은 것을 옳지 않다고 생각하며, 옳지 않은 것을
옳다고 생각하는 사람은 지금 잘못된 생각에
빠져 있으니, 결국 어둠의 길을 가게 된다.
옳지 않은 것을 옳지 않다고 생각하며, 옳은 것을
옳다고 생각하는 사람은 지금 올바른 생각을
하고 있으니, 결국 빛의 길을 가게 된다.

31.
어리석은 사람들과 어울리기보다는
혼자가 낫다

멀고 험한 인생의 여행길에서 현명하고 사려 깊은
사람을 만나거든 그와 친구가 되어 함께 가라.
그러면 모든 위험에서 벗어날 수 있다. 그러나 그런
벗을 만나지 못한다면 외롭고 힘들겠지만 차라리
혼자 가라. 어리석은 자들과 무리 지어 가는 것보다는
차라리 혼자 가는 것이 낫다.

32.
욕망을 이겨내면
고통은 사라진다

제멋대로 행동하는 사람에게 욕망은 덩굴처럼
퍼진다. 그런 사람은 과일을 찾는 원숭이처럼
이 나무에서 저 나무로 옮겨 다닌다. 그리하여
욕망이 자기 자신을 뒤덮으면 덩달아 고통도
증가한다. 비를 맞은 잡풀이 무성하게 자라듯이.
그러나 정복하기 어려운 저 욕망을 스스로 정복한
사람에게 고통은 더 이상 존재하지 않는다.
연잎 위에서 물방울이 굴러떨어지듯이.

33.

잡초가 밭을 망치듯
미움은 우리를 망친다

잡초는 밭을 망치고 미움은 우리를 망친다.
증오심에서 벗어난 사람을 도우면 좋은 결과가
있을 것이다. 잡초는 밭을 망치고 무지는 우리를
망친다. 무지에서 벗어난 사람을 도우면
좋은 결과가 있을 것이다. 잡초는 밭을 망치고
욕망은 우리를 망친다. 욕망에서 벗어난
사람을 도우면 좋은 결과가 있을 것이다.

34.
보잘것없는 물건을 받더라도
얕잡아보지 마라

보잘것없는 물건을 받더라도 그것을 준 사람의
성의를 얕잡아보지 마라. 그리고 다른 사람이 받은
물건이 좋아 보인다고 시샘하지 마라. 보잘것없는
물건을 받더라도 주는 사람의 성의를 얕잡아보지
않는다면 저 하늘의 신들조차 감복하므로,
마침내 열반에 이를 것이다.

35.

탐욕과 증오심이 저절로
떨어져 나가게 하라

마른 꽃잎이 지고 있는 자스민처럼 탐욕과 증오심이

저절로 떨어져 나가게 하라. 몸과 말과 마음이

안정되면, 이 세상의 여러 유혹을 물리치면,

그대 자신이 그대 자신의 스승이 되면,

그대는 비로소 위대해진다.

36.

마부가 말을 길들이듯
그대 자신을 길들여라

그대의 스승은 그대 자신이고, 그대 자신이 바로
그대 자신의 피난처이다. 마부가 말을 길들이듯
그대 자신을 길들여야 한다.

37.

어디에도 얽매이지 않으면
두려움에서 벗어난다

물질의 굴레에서 벗어나고 정신의 굴레에서 벗어난
사람, 그리하여 물질과 정신을 초월한 그것마저
초월한 사람, 모든 두려움이 사라지고 그 어디에도
얽매이지 않는 사람, 그런 사람을 가리켜 해탈의
경지에 이르렀다 한다.

38.
깨달은 사람은 항상 빛난다

태양은 낮에 빛나고 달은 밤길을 은은하게 비춘다.
무사는 갑옷 속에서 빛나고 수행자는 명상 속에서
빛난다. 깨달은 사람은 낮에도 빛나고
밤에도 빛난다.

39.

자신의 말과 행동,
생각에 상처받지 마라

지신의 행동에 의해, 말에 의해, 생각에 의해,

자신의 영혼이 상처를 받지 않는 사람, 아니

이 세 가지를 지혜롭게 다스릴 줄 아는 사람,

그런 사람을 가리켜 깨달은 사람이라 한다.

40.

소유하려 하지 않는
사람이 되라

과거에도 미래에도 지금 현재에도
'내 것'을 소유하려 하지 않는 사람,
그리하여 집착의 늪에서 스스로 빠져나온 사람,
그가 바로 진정 깨달은 사람이다.

41.

영혼의 새벽 강가에
앉아 있는 사람

두려움을 떨치고 당당하게 욕망의 불길을 단번에
잡아버린 사람, 그리하여 저 여행의 끝에 다다른
사람, 영혼의 새벽 강가에 앉아 있는 사람,
그가 바로 진정 깨달은 사람이다. 자신의 전생을
꿰뚫고 하늘의 축복과 지옥의 고통을 모두 알고 있는
사람, 생과 죽음의 악순환에서 벗어나 영혼의 새벽
강가에 앉아 있는 사람, 이룰 수 있는 모든 것을
이루어낸 사람, 그가 바로 진정 깨달은 사람이다.

일상과 이상을 이어주는 책 **일상이상**

하루 한 장 내 삶에 새기는
부처
ⓒ 2024, 일상과이상

초판 1쇄 찍은날 2024년 7월 30일
초판 1쇄 펴낸날 2024년 8월 7일

펴낸이 김종필
펴낸곳 일상과 이상
출판등록 제300-2009-112호
주소 경기도 고양시 일산서구 후곡로 10 910-602
전화 070-7787-7931
팩스 031-911-7931
이메일 fkafka98@gmail.com

ISBN 979-11-94227-01-4 (03190)

· 책값은 표지 뒤쪽에 있습니다.
· 파본은 구입하신 서점에서 교환해 드립니다.